2

音のしくみ

3

文・会話のしくみ

4
さまざまなことば

········· アイコンの説明 ·········
せつめい

それぞれのテーマは、「つくる」「しらべる」「かんがえる」の３
つに分かれています。

つくる

しらべる

かんがえる

ようこそ！ことばの実験室（コトラボ）へ

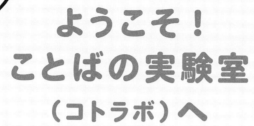

　実験や観察（ここではまとめて「実験」と呼びます）というと理科や社会を思い浮かべやすいですが、言葉でも実験ができます。この本はそんな言葉（コトバ）の実験室（ラボラトリー）として、コトラボと名づけました。実験では、うまくいかないことも出てきます。でもそれを含めて楽しむのが実験です。ぜひこの本で様々な言葉の実験を楽しんでください。

　少し大げさですが、実験から私たちは物事の本当の姿や隠れたしくみを知ることができます。この本で行う実験も同じで、実験を通して、言葉の様々な姿やしくみが見えてきます。

　学校の授業で調べ学習をしたり、夏休みや冬休みに自由研究があるという人も多いと思います。この本は、調べるテーマだけでなく、まとめ方について

も書いています。この機会にぜひいろいろなテーマについて調べてください。そして、よかったらぜひその結果を発表してみてください。

　それでは少しだけ実験を体験してみましょう。いきなりですが❶から❸の質問に答えてみてください。

❶ 「まさるくん」を略すなら「まーくん」？　それとも「まくん」？

❷ 「わたしよ」と「わしじゃよ」のどちらが博士っぽい話し方？

❸ 「329 ＋ 47 は？」と聞かれて考えるときに使うのは「ええと」？　それとも「あのう」？

　きっとみなさん迷わず❶は「まーくん」、❷は「わしじゃよ」、❸は「ええと」を選ぶでしょう。しかし、みなさんはこの❶から❸の答えや考え方をどこかで教わったことはあるでしょうか？　たぶんこのどれも教わったことはないでしょう。でも、どれも日本語を使う人なら分かることです。

　私たちが言葉について学校で習うのは、漢字の書

き方・読み方、少し難しい言葉の意味や、ていねいな言葉づかいなどです。しかし、❶から❸の質問のように、言葉には習わなくても知っていることがたくさんあります。この本の目的の１つは、こうした無意識に使っている言葉のしくみや不思議を、色々な実験を通して見つけることです。

　また、私たちの言葉は多様なものです。世界に様々な言葉がありますが、日本の中でも漢字、平仮名、片仮名のほか英語や中国語、韓国語、場所によってはロシア語やベトナム語などを見ることもあります。例えば、写真は北海道の空港のゴミ箱ですが、ここには日本語、英語、韓国語、中国語、広東語のほかにロシア語が書いてあります。

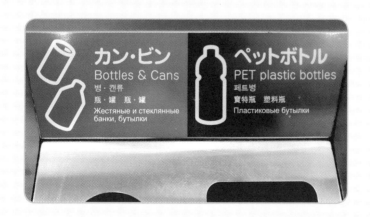

他にも地方によって言葉は違ってきますし、日本手話のように日本語とは違うしくみを持つ言語を使う人もいます。実は地域の方言については使用者がどんどん減ってきています。言語が失われることは、その使用者の「ふるさと」（帰る場所）が失われるのに等しいことです。多様な言葉の姿を知ることで、この「言語の消滅」について知る・考えるきっかけになればと思います。

　最後に、この本は言葉に注目していますが、私たちの身の回りには、当たり前だと思って見逃していることや、知っているけど気づいていないことが言葉の他にもたくさんあります。みなさんが少しでもそういった身の回りの姿やしくみに注意を払うようになってくれることを願っています。

コトラボの歩き方

・・・・・

この本では内容によって、つくる、しらべる、かんがえるの3つのワークと、難しさのレベルを3段階に分けています。レベルが高いほど難しかったり、大人の手助けが必要だったりします。

調べることではそのテーマで考えることを説明しています。どれに取り組むか考えるときの参考にしてください。

使うものにはそのテーマを調べるときに使うものを書いてあります。●は必ず必要なもの、○はあったほうがいいものです。ただし、どのテーマを調べるにしても、調べた結果を書くためのノートは必ず用意しておきましょう。

調べ方に沿って、調べていきます（作り方となっているところもあります）。**まとめるためのヒント**や、**さらにチャレンジ**も活用してください。

コトラボで
どうやって調べたい?

・・・・・・

　この本は音、単語、文といった言葉の単位に関する内容と、言葉の多様な姿に関する内容とに分かれています。それらとは別に、「どんなことをするのか」に注目して分けると下のようになります。

　これを見て、自分がやってみたいことから取り組むテーマを考えてみてもいいと思います。

頭で考える

- ・上がるの?　下がるの?
- ・キャラクターたちはどう話してる?
- ・あの人の呼び方から考えよう
- ・くっつけることばは何が違う?
- ・「た」を変えてみよう
- ・並べ替えられないことばを探そう

本や新聞などから集める

- 点が付くと何が変わる？
- 多い音はどれ？
- 隠れた「っ」を探せ！
- にん？　じん？
- 「は」と「が」はどう並んでる？
- 始まりのことばを考えよう
- 「桃太郎」を読み比べてみよう

回りの言葉を観察する

- 建物の名前を集めてみよう
- 地域のことばを調べよう
- ひらがなのいろいろな書き方を集めてみよう

自分で作る

- 名前を縮めると…？
- 「ことばの意味」クイズを作ろう
- 漢字だけ文を書いてみよう
- いくつ意味がある？
- 「ん」ばかりことばを作ろう

インターネットを使う

- ・5・7・5仲間はずれはどこにいる？
- ・世界のことばの並び順はどうなってる？
- ・世界の言語で「日本」は何と呼ぶのか？
- ・手話のことを調べよう

・ コラム ・

機械を使って言葉を調べる

　この本では本やインターネットを使って言葉を調べる方法を紹介していますが、この他に機械を使って言葉を調べる方法もあります。例えば左の写真の機械を使うと、発音するときに声帯の開き方がどう変わるのかを調べることができます。また、右の写真の機械を使うと、言葉を見たり聞いたりしたときに、脳のどこを使っているのかを調べることができます。
（右写真提供＝安永大地）

結果を発表しよう

○ ○ ○ ○ ○ ○

　調べたテーマの結果は大きな紙やファイルにまとめよう。

下書きを作る

　調べた結果の下書きは必ず用意しましょう。いきなり書き出すと、あとで書き足したいことや削りたいところが出てきたときに困ってしまいます。そうならないように、ノートなどを使って下書きをします。

　下書きに書くのはきちんとした文章でなくてもいいです。箇条書きなどを使って、書きたいことをメモにします。

下書きに書く内容

　下書きには次の内容を入れましょう。

[1] 背景

・そのテーマを調べたきっかけや背景

13

※「面白そうだったから」のようにあいまいなものではなく、「どう面白そうなのか」や不思議に思ったきっかけを詳しく書く

・ **自分の予想**

※ そう考えた理由も書く

・ **なにを調べるのか**

※「〜だろうか」のような「問い」の形にする

［2］調べ方

・ **使ったもの**

・ **調べる手順**

※ 読んだ人が同じように調べられるように書く

［3］調べた結果

・ **調べた結果だけをわかりやすく書く**

※ 図表やグラフなどを使って見た目で分かりやすくする

［4］考えたこと

・ **［3］から自分が考えたことを書く**

・ **予想が外れたら、どうして外れたのかを書く。例えば予想の理由が違ったのか、理由はあっていた**

けどそこから別のことが起こったのかなど

※ 予想が外れてもしっかり考えられれば立派な研究です！

［5］参照文献

・この本や、他に読んだ本（辞書、百科事典）やイン

ターネットの情報があったらその情報を書く

※本は執筆者、タイトル、出版社、刊行年を書き、インターネットはホームページの名前とURLを書く

［6］謝辞

・調べるときにお世話になった人（家族も入ります）

がいたら、その人の名前を書いてお礼を書く

大きな紙でまとめるコツ

下書きの量を見て、全体のレイアウトを決めます。次のようにして、タイトルを目立たせると見栄えが良くなります。

字を多く書くので、まっすぐな線を引いて、字の大きさが同じになるように気をつけます。

桃太郎を比べる

名前

背景
みんな『桃太郎』を読んだことがある
と思います。だけど…

調べ方
用意したもの
●桃太郎の絵本

調べる方法
『桃太郎』を読んで…

調べた結果
調べた結果を表にしました。…

考えたこと
予想と違い、赤ちゃんの絵本には
「どんぶらこっこ」は出てきません
でした。これは…

参照文献

謝辞

ファイルにまとめるコツ

　レポートは紙（上質紙がいいです）に書き、クリアフ
ァイルに入れるようにするときれいにまとまります。

　大きな紙の時と同じく下書きの内容を書いていき
ます。見出しを目立たせるほか、ページ番号を同じ
場所に入れることでより分かりやすくなります。

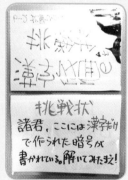

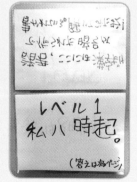

この本のサポート用のウェブページを用意しました。追加情報や本に載せることのできなかった画像や外部ページへのリンクなどを載せていきますのでぜひご覧ください。

https://researchmap.jp/yearman/kotolabo/

（「コトラボ　ひつじ書房」で検索して下さい）

最後に、皆さんが実際にやってみた結果を私に送って教えてください。許可を頂いた方には私からの講評を付けて、サポートページに掲載します。送り方など詳しいことはサポートページをご覧ください。

謝辞

・・・・・・

　この本を執筆するにあたり、今井ミカさん、岡田一祐さん、川原繁人さん、中川奈津子さん、高嶋由布子さんのお世話になりました。記して御礼申し上げます。

　また、編集の森脇尊志さんのサポートと、ふたりの「ジュニア研究員」の協力にも感謝いたします。

　この本は JSPS 科研費（20K00578、JP19H00530、JP19H01262、JP17K02689、JP17H02332）、および国立国語研究所共同研究プロジェクト「対照言語学の観点から見た日本語の音声と文法」、「日本の消滅危機言語・方言の記録とドキュメンテーションの作成」による研究成果の一部です。

単語のしくみ

1

私たちは成長するにしたがって多くの言葉（単語）を覚えていきます。そして、小学校を卒業するときにはおよそ2万5千もの言葉を知っていると言われています。また、私たちは多くの言葉を覚えているだけでなく、「とりま」や「じわる」のように様々な言葉を作り出しています。この章では意味や作られ方から、言葉（単語）のしくみについて考えます。

つくる　　　　　　レベル
········○········ ①

「ことばの意味」クイズ
を作ろう

📖 調べること

言葉には意味があります。例えば「紙」はどうい
う意味でしょうか。ちょっと考えてみましょう。
辞書には次のように書いてあります。

> 字や絵をかいたり、印刷したり、物をつつんだり
> するのに使うもの。おもに植物のせんいから作る

　辞書には「紙」の意味として、何に使うのか、何からできているのかが書かれています。「紙」のように具体的に思い浮かべやすいものは意味も書きやすいですし、反対にこの意味からもとの言葉を当てることもできそうです。その一方で、意味の書きにくい言葉もあります。

　ここでは、辞書の言葉の意味を書いて、そこからもとの言葉を当てるクイズを作成しましょう。

☆ 使うもの

●国語辞典

🌸 作り方

　問題にする言葉を選びます。クイズだからといって、ただ難しい言葉やみんなが知らなさそうな言葉にしないことが大事です。辞書には例えば「漏斗（じょうご）」という言葉が載っています。これは「口の

細い物に液体を入れるときに使う、アサガオ形の道具。という意味ですが、「漏斗」自体があまり知られていなければ、クイズになりません。

　なので、問題は「みんなが知っている言葉」から考えることが大切です。それでも「紙」や「手紙」などのように簡単に説明できる言葉だけでは反対にみんなが正解してしまいクイズになりません。ここで大切なのは、「みんなが知ってるけど、意味を説明するのが難しい言葉」を探すことです。

　例えば次の説明がどの言葉か考えてみましょう。

1 見たりさわったりしてわかる人や物のようす

2 はしからはしまでのへだたりが大きい

3 ほんとうと思ってうたがわない

4 日の出に向かって南がわにあたるほう

5 自分とあいてのどちらからも遠いもの

　答えは次のページの一番下にあります。どれも皆さんが知っている言葉ですね。

　作り方のコツは「絵に描くのが難しい言葉を見つ

ける」ことです。「紙」は絵に描けますが、「長い」
や「右」などはそのものを絵に描くことは難しいで
しょう。

　クイズとして難しいものができたら、答えだけで
なく、ヒントを作りましょう。ヒントは大きく分け
て２つの種類があります。

　１つは答えが「形」なら「〇た〇」のように、言
葉をひらがな・カタカナにして、一部を隠すという
ものです。特に最初の文字は隠した方が分かりにく
くなります。

　もう１つは言葉の使い方（例）を書くというもの
です。国語辞典には言葉の意味と一緒に例が書かれ
ていることが多いです。「形」ならば「かげも形もな
い」が例なので、「かげも〇〇〇もない」のようにし
て答えを隠します。

（答え）

1 形　　**2** 長い　　**3** 信じる　　**4** 右　　**5** あれ

✿ まとめるためのヒント

❶ 「考えたこと」を入れてみよう

　作ったクイズをまわりの大人や友達などに出して
みて、どれくらいの人が正解したかを数えてみましょ
う。そして、「絵に描けるかどうか」ということ以
外に、どういう言葉は簡単で、どういう言葉は難し
いか、自分で考えて、結果を書いてみましょう。

❷ 自分で意味を考えてみよう

　意味が分かりにくかった言葉や、辞書に載ってな
いけどみんな知っている言葉の意味を自分で考えて
書いてみましょう。

しらべる レベル 1

キャラクターたちは どう話してる？

📖 調べること

　みなさんは自分がどういう話し方をしているか、自分が話すときにどういうクセがあるのかを意識したことはありますか？　私は話すときに「ええっと」を使うことが多いようです。また、関西の人は話の終わりに「知らんけど」と付けることがよくあるようです。

マンガやアニメに出てくるキャラクターになると、かなり特徴的な言葉の使い方をすることがあります。例えば、おじゃる丸は、自分のことを「まろ」と呼び、言葉の終わりに「～でおじゃる」を付けます。また、キスケという黄色い小さな鬼は言葉の最後に「っぴ」をよく付けます。

　実際にアニメに出てくるキャラクターでもそうですし、架空のキャラクターを考えるときでも言葉の使い方に特徴を付けることがあります。例えば、九州出身の男性は言葉の最後を「でごわす」としたり、相撲や柔道の選手のように体の大きい人は最後に「っす」を付けることが多いです。

　ここではキャラクターによる言葉の使い分けを見ていき、どこにキャラクターの特徴が現れるのかを考えます。

 使うもの
○マンガの単行本や、アニメの DVD

 **調べ方**

　まずは自分の頭で考えます。次(つぎ)のキャラクターと話し方を線でつないでみましょう。

博士(はかせ) ●　　　　　● おれの本だぞ

ガキ大将(だいしょう) ●　　　　　● ぼくの本でしゅ

小さい子 ●　　　　　● わしの本じゃ

　どれも同じ意味(いみ)の言葉ですが、キャラクターによって使(つか)う言葉が変わります。このようにキャラクターによって言葉（セリフ）のどこが違(ちが)うのかを考えます。
　使(つか)う言葉・セリフは次(つぎ)のようにして考えるといいでしょう。

● 「自分や相手(あいて)の呼(よ)び方」を入れる
● 最後(さいご)が「です」や「ます」で終(お)わる
● 最後(さいご)に「よ」や「ね」を付(つ)ける

　もちろんここでの「キャラクター」は、ドラえも

んやクレヨンしんちゃんのようなマンガやアニメに出てくるキャラクターで考えてもいいですし、前のページのように「博士」や「ガキ大将」、ほかにも「昔のお姫さま」など自分で設定を考えてみて、それによってどう変わるかを考えてもいいでしょう。

　キャラクターは職業、性別、地域、性格などによって変わるので、キャラクターの特徴を考え、変えてみるといいでしょう。

❀ まとめるためのヒント

　いくつかの表現について考えたら、表にしてキャラクターによって変わる部分と変わらない部分がどこかを考えます。例えば、前のページの表現だと次のようになります。

キャラ	私の	本	です
博士	わしの	本	じゃ
ガキ大将	おれの	本	だぞ
小さい子	ぼくの	本	でしゅ

　表を見ると分かるように「私の」と「です」はキャラクターによって言葉が変わりますが、「本」はキャラクターによって言葉が変わることはありません。

　このような表にまとめたり、イラストを書いてセリフをつけても面白いですね。

　前のページにあげた条件に当てはまらない表現でもキャラクターに違いが出ないかを考えましょう。例えば「違うよ」はどうでしょうか？

✿ 考えてみよう

　ここではキャラクターによって言葉がどう変わるのかを考えました。ただこれはキャラクターだけの問題ではありません。例えば「もっと女（男）の子らしい言葉づかいをしなさい」と言われたことはありませんか？　では「女（男）の子らしい」とは何でしょうか？　なぜそういう言葉づかいが必要なのでしょう？　これをきっかけにぜひそういった問題を考えてみてください。

つくる　　　　レベル
・・・・・・・・・・・・・・・②

漢字だけ文を
書いてみよう

大猫道寝

📖 調べること

　日本語は文字の種類が多いです。ひらがな、カタ
カナ、漢字の他にローマ字を使うこともあります。例
えば「新作アニメDVD売り場」のように４つの種類
全てを組み合わせた表現が作れます。

　ひらがなとカタカナは言葉の音を表すのに対して、
漢字は意味を表すことができます。例えば、ひらが

なで「こ」と書く言葉には「子」「古」「湖」「粉」な
どさまざまな漢字があり、意味によって使い分けて
います。そのため、「子分」を「湖分」とか「粉分」
と書いたらおかしくなります。

　このように漢字は意味を表すことができるため、ひ
らがなやカタカナを使わなくてもある程度伝えたい
ことが書けたりします。例えば「大猫道寝」と書く
と「大きい猫が道で寝ている」かなと想像できます。

　ここではこういった漢字だけでできた文（「漢字だ
け文」と呼びます）を書いてみて、それでどれだけ伝え
ることができるか、クイズを作りましょう。

☆ 使うもの

○本、新聞、マンガ

✿ 作り方

　まず、練習用として簡単な文を 10 個ぐらい作り
ます。このとき文の形として次のものを使うといい
でしょう。

1	**誰が**	**どうする**	
例	犬が	起きる	
2	**誰が**	**何 { を／に }**	**どうする**
例	猫が	えさを	食べる
	友達が	家に	帰る

　そして、これらを漢字だけ文にします。漢字が分からない言葉（たとえば「えさ」）は辞書を使って調べて書きましょう。

犬起

猫餌食

友達家帰

　文を見て、他の言葉で言い換えたら分かりやすくなるものは変えましょう。例えば、「友達家帰」の「家帰」は「帰宅」と言い換えることができます。そうすると、「友達帰宅」でいいですよね。

　次に、本やマンガなどに載っている文を漢字だけ文にしてみましょう。このとき、どういうところが

難しいか、メモしておくことが大事です。試しに次の文を漢字だけ文にしてみてください。

1 スピードオーバーしたトラックがパトカーに止められた

2 ハンバーガーとポテトをください

どういった点が難しいでしょうか。難しくなる原因は１つだけとは限りません。そこで、難しくなる原因が分かったら、解決した文を作り、もう一度 難しかった点を考えましょう。

例えば「カタカナばかりだから難しい」のであれば、カタカナを漢字の言葉に言い換えたら簡単になるのか考えます。

1 白い車が警察官に止められた

2 牛丼と味噌汁をください

このように考えていって、漢字だけの文が書きにくくなる原因を見つけます。そして、原因をまとめ

てみましょう。

🌸 まとめるためのヒント

　クイズは普通（ふつう）の文を漢字だけ文に変（か）えるものと、漢字だけ文を普通（ふつう）の文に変（か）えるもの2つが作れます。どちらの場合でも、文を少しずつめくれるようにして作れると、クイズとしての楽しみが増（ふ）えますね。

| 車の | エンジンが | こわれた |

　めくるクイズの他（ほか）に漢字をたくさん書き、そこから選（えら）んで作文するクイズも作れます。

スマホでパンダの動画を見た

| 黒 | 電 | 画 | 昔 | 写 | 熊 | 動 | 像 | 過 |
| 絵 | 調 | 黒 | 前 | 手 | 画 | 映 | 猫 | 機 |

　クイズの答えには難（むずか）しかったところ、工夫（くふう）したところも書きましょう。

かんがえる レベル 2

あの人の呼び方から 考えよう

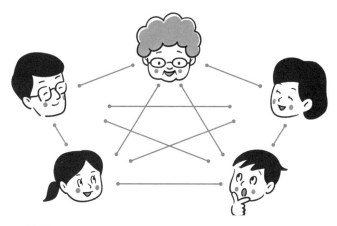

📖 調べること

　人を呼ぶときにはいろいろな呼び方があります。あなたも家の中で自分がどう呼ばれているか、反対に自分が家族をどう呼んでいるかを考えてみると、同じ人が相手でも違う呼び方をしていることがあるのではないでしょうか。例えば、「お兄ちゃん」「お姉ちゃん」と呼ばれる人でも、別の人からは名前で呼

ばれたりします。

　それでは人の呼び方にはどういった決まりがある

でしょうか。

 使うもの
●特になし

調べ方

　いろいろな家族構成を考えてみましょう。例えば、

次のような家族がいる家での呼び方を考えます。

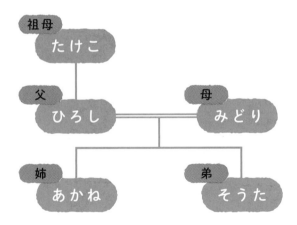

✿ まとめるためのヒント

❶ お互いの呼び方を考えよう

　前ページの図の家族がそれぞれをどう呼ぶかを考えます。全ての組み合わせを考えるのがいいのですが、グチャグチャになるので、まずは下の質問を考えてみましょう。

> 家族は「たけこ」、「あかね」、「そうた」をそれぞれ何と呼ぶ?

　ここで注意するのは、呼び方が１つではないかもしれないことです。おそらく「そうた」の呼び方は１つになりますが、「たけこ」と「あかね」の呼び方は１つには決まらないでしょう。

　また、ここでは細かい呼び方の違いは考えません。例えば「そうた」をそのまま呼ぶか、「そうちゃん」のように縮めて呼ぶかは考えません。

　まず下の表に「あかね」の呼び方（「あかね」を呼ぶときの呼び方）を書き入れましょう。

「あかね」の呼び方

　　たけこ＝

　　ひろし＝

　　みどり＝

　　そうた＝

　続けて同じような表を作って、家族の他の人の呼び方を書いていきます。

❷ 「ずれ」に注目しよう

　呼び方が分かったら、その呼び方がどのようにして決められるのか、つまりルールを考えます。

　呼び方のルールを考えるときに大切なことがいくつかあります。それは「呼び方のずれに注目する」ということです。例えば、ひろしがたけこを呼ぶとき、たけこはひろしの母親なので、「母さん」と呼ぶことはあるほかに、「おばあちゃん」とか「ばあちゃん」のように呼ぶこともあります。

　このようなずれがどういうときにでてくるのかを考えます。このとき、「誰から見た呼び方になってい

るか」を考えることが大切になってきます。

　呼び方のルールを考えたら、それをまとめましょう。

❀ さらにチャレンジ

　上では家族について考えていきました。しかし、家族以外にも人の呼び方というものはあります。例えば学校ではどうでしょうか。

🌱 コラム

呼び方は変化する

　物の「呼び方」は時代によって変わります。例えば「カッパ（合羽）」は「レインコート」とも呼びますが、新聞で使われた回数を調べると、1980 年代はほとんどがカッパだったのが、1990 年代にはほぼ同じ数になり、2000 年代からはレインコートを使う数が約 2 倍に増えました。

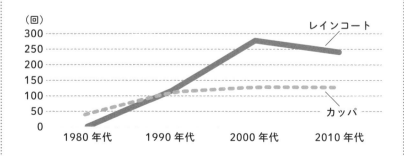

くっつけることばは
何が違う？

📖 調べること

「水」や「大きい」は「あ、水！」や「うわ、大きい！」のように、それだけで使えます。一方、「りんごを」の「を」や「明日から」の「から」は必ず他の言葉にくっつけます。

そういった他の言葉にくっつける言葉の１つに「お・ご（御）」があります。例えば「お砂糖」「お

塩」「お湯」「ご苦労」「ご主人」「ごきげん」などの
「お・ご」はどちらもていねいな言い方を表します。
「お・ご」が付かない「砂糖」や「苦労」と比べると、
「お・ご」が付いた方がていねいに感じることが分か
ると思います。

それでは「お」と「ご」にはどのような違いがあ
るのでしょうか。ここでは、「お・ご」が他の言葉に
付くときの決まりを考えましょう。

☆ 使うもの

○辞書、本、新聞

🌸 調べ方

まずは自分で20個ほど言葉を書き出して、「お」
や「ご」が付くかを考えましょう。結果は次のよう
な表にして、付くものは○、付かないものは×、悩
むものは△を書きましょう。

単語のしくみ

41

	お	ご
砂糖 （さとう）	○	×
苦労 （くろう）	×	○
知らせ		
本		
トイレ		
プール		

　次に自分で考えた言葉のほかに辞書や本、新聞を見て、「お・ご」が付いた言葉を探してみましょう。このとき、例えば「お皿」のように「お」の付いた言葉であれば「ご」が付けられるのかも確かめて、上と同じような表にしましょう。

🌸 まとめるためのヒント

　表を作ったら、どういう言葉に「お・ご」が付くのかを考えます。「お・ご」が付く言葉を考えるときに参考になるのは日本語の言葉がどのようにできてきたのかということです。

　日本語が今のようになるまでには他の言語の影響も多く受けてきています。特に中国語からの影響は大きいもので、多くの言葉が中国語から入ってきています。その１つが漢字です。漢字には音読みと訓読みがあることを勉強していると思います。音読みは中国語の音を取り入れたものです。

　日本語の言葉のうち、中国語が由来のものは「漢語」と呼ばれます。実は、日本語の言葉の半分は漢語だと言われています。

　なお、もともと日本語だった言葉を「和語」、中国語以外から入ってきた言葉を「外来語」と呼びますが、和語は３～４割、外来語は１割弱と言われています。

　「お・ご」の付き方はこの和語、漢語の区別が重要だと言われています。そこで、表にあげた言葉が和語（訓読み）、漢語（音読み）、外来語のどれかをさらに書き込んでいきましょう。そして、このときの決まりに当てはまらない言葉がどれかということも確認しておきたいですね。最後に「外来語」ではどうなるのかも見ておきましょう。

このように「お・ご」を通して日本語の言葉の由来が見えてくることが分かります。

🌸 レベルアップ

　「お・ご」の他にも似たような意味を持つ「くっつける言葉」があります。例えば「不」や「非」はそれぞれ「不十分」や「非常識」のように、後ろの言葉が違うということを表します。似たような言葉に「無意味」の「無」や「未発達」の「未」などがあります。これらをいろいろな言葉に付けてみて、どう使い分けられているのかを調べてみましょう。

しらべる レベル3

にん？ じん？

📖 調べること

　漢字にはいろいろな読み方があります。たとえば「空」はこれだけだと「そら」と読みますが、「空気」という言葉では「くう」と読みます。これは訓読みと音読みという区別で「そら」は訓読み、「くう」は音読みです。

　それでは「人」にはどういう読み方があるでしょ

うか。訓読みのときは「ひと」になります。音読みのときは例えば「通行人」では「つうこうにん」と読みますが「中国人」では「ちゅうごくじん」と読みます。この「にん」と「じん」はどうやって使い分けられているのでしょうか。

☆ 使うもの
○ 逆引き辞典

調べ方

　まずは自分で「人」が後ろにつく言葉をいろいろ考えましょう。このとき、前が2字以上になるようにします。例えば、「管理人」や「アメリカ人」は「人」の前が2字以上あるのでOKですが、「芸人」や「個人」は「人」の前が1字なので入れません。
　言葉は「にん」と「じん」でそれぞれ10個ぐらいずつあげられるといいですね。いくつか例となる言葉を出すので、読み方を確かめましょう。

アメリカ人、管理人、芸能人、現代人

国際人、中国人、通行人、日本人、保証人

　言葉をあげたらまずは使(つか)い分(わ)けに決まりがあるか考えてみましょう。なんとなくこうかな？　というのでもいいので、自分の予想(よそう)を書き出しましょう。

　上の例(れい)だと「じん」の前が国名になっているものが目立ちます。だけど、「国際人(こくさいじん)」のように国名だけとは限(かぎ)りません。つまり、使い分けの条件(じょうけん)は１つではなく、いくつかあるということです。

　使(つか)い分けを考えたら、国語辞典(じてん)で「人」がつく言葉を調べます。ただ、普通(ふつう)の国語辞典(じてん)は言葉を前から調べるので、「人」がつく言葉を調べるのは難(むずか)しいです。そこで、言葉を後ろから調べられる辞典(じてん)を使(つか)います。これを「逆引(ぎゃくび)き辞典(じてん)」と呼(よ)びます。

こうがいでんしゃ　【郊外電車】
しゅうでんしゃ　【終電車】
むき
じょうでんしゃ　【無軌条電車】
あおでんしゃ　【青電車】
あかでんしゃ　【赤電車】
ぎゃくてんしゃ　【逆転写】
じてんしゃ　【自転車】
じどうじてんしゃ　【自動自転車】
はなでんしゃ　【花電車】
ペニテンシャ　【penitencia】
よくぼうとい
うなのでんしゃ　【欲望という名の電車】
ちんちんでんしゃ　【ちんちん電車】
しょ
うなんでんしゃ　【湘南電車】
ろめんでんしゃ　【路面電車】

『逆引き広辞苑』(岩波書店)

逆引き辞典では言葉の終わりを基準にして言葉が並べられているので、「でんしや」で終わる言葉を引くと前ページのように「電車」で終わる言葉を調べられます。

　逆引き辞典はインターネットの国語辞典にもあります。次の言葉で検索してみましょう。

国語辞典　逆引き

　例えばgoo国語辞典では、「調べたい言葉を入力」のところに言葉を入力し、▼を押して「で終わる」にして検索すると、逆引き辞典として検索できます。

🌸 まとめるためのヒント

❶ 言葉の出自から分ける

　日本語には中国語から来た言葉が多く、国語辞典に入っている言葉の半分近くを占めます。

　中国語から来た言葉は漢語、日本で生まれた言葉は和語と呼ばれます。漢字の音読みは中国語の発音をもとにしているので漢語になります。

　集めた言葉を和語と漢語で分類したらどうなるか、見てみてください。

❷ 言葉のつながりから分ける

　「人」の前につく言葉とのつながりも大きな手掛かりになります。ここでは、前につく言葉と「人」の間に言葉を補って考えます。例えば「管理人」の意味を考えて「管理　　　人」のようにしたとき　　　にどんな言葉を補いますか。同じことを他の言葉についてもやってみましょう。

単語のしくみ

49

音のしくみ

音は組み合わせることで、様々な意味になります。
例えば「り」「つ」「く」という 3 つの音だけで「くつ」「付く」「くり」
「釣り」「区立」「理屈」「作り」という 7 つの言葉を作り出せます。
さらに、組み合わせた音は気持ちとも結びつき、
例えば「ええ」という言葉は「わかった」か「びっくりした」かで
音が変わります。この章ではそういった
音に関わるしくみについて考えます。

かんがえる レベル ①

点が付くと
何が変わる?

パラパラ?　バラバラ?

📖 調べること

　日本語の音には「あいうえおかきくけこ…」など五十音と呼ばれる「かな」が50個以上あります。この音は言葉にとってどういった役割があるのでしょうか。

　言葉は音を組み合わせて作りますが、音は意味を持たないことが多いです。例えば「あめ（雨）」「あ

52

さ（朝）」「あき（秋）」はそれぞれ最初の「あ」が共通しています。しかし、雨、朝、秋の３つの言葉に共通した意味を「あ」が持っているわけではありません。

では、音は言葉の意味に関係がないのでしょうか。ここでは音と意味のつながりについて調べます。

☆ 使うもの

○マンガ、絵本

✿ 調べ方

❶ 擬音語を集める

　ここでは擬音語に注目して調べます。擬音語とはコロコロやトントンのように、音を表す言葉です。マンガや絵本には多くの擬音語が登場するので、そこから集めるのがいいと思います。もちろん、自分で考えて集めるのでも構いません。

　数は多いほどいいのですが、目安として20個ほど集めるといいでしょう。

❷ 擬音語を分類する

　集めた擬音語を大きく３つに分けます。まず、濁点（゛）が付いているかどうかで分けます。さらに、濁点が付いていないものにはコトコトのように濁点が付けられる（「ゴトゴト」にできる）ものと、メーメー（羊の鳴き声）のように濁点が付けられないものがあります。

　このことを考えて、次の表のように分けます。

濁点あり	濁点なし	
	付けられる	付けられない
ガンガン バタバタ	コロコロ パリパリ	メーメー メリメリ

※ 半濁点（゜）は「パ行」の濁点なしと考えます。

❸ 擬音語の濁点を付け外しする

　表を見て、数が少ないところは少し補うといいでしょう。その上で、濁点があるかないかによって、どういう意味の違いがあるのかを考えます。

　そのためには、濁点があるものから濁点を取るとどうなるか考えるのが有効です。上に挙げた例では

54

「ガンガン」を「カンカン」、「バタバタ」を「パタパタ」とするとどういう違いがあるように感じますか（上にも書いたとおり、ここではバの濁点がないのはパと考えます）。

　同じように、濁点がないけど付けられる擬音語に濁点を付けてみるとどういった意味になるでしょうか。上の例では「コロコロ」を「ゴロゴロ」、「パリパリ」を「バリバリ」とするとどう違ってきますか。

　意味の違いを書くのは難しいかもしれません。そういうときは下の中から選ぶといいでしょう。

大きい　小さい　重い　軽い　太い　細い
強い　弱い　多い　少ない　汚い　きれい

このようにして、濁点の意味をまとめましょう。

さらにチャレンジ

　濁点によって擬音語の意味が変わることが分かったら、他の言葉についても音と意味の関係を調べま

す。例えば人の名前（苗字ではなく「下の名前」）やポケモンの名前などにも音の違いがあるのかを調べましょう。

人の名前は男の子と女の子に分けて集めます（クラスの人の名前だと集めやすいですね）。そして男女ごとに(A) 濁点あり、(B) 濁点なし（付けられる）、(C) 濁点なし（付けられない）の音が何回出てくるのか数えます。例えば「あきら」だと (A) 0 個、(B) 1 個、(C) 2 個となります。

(A)〜(C) のどの音が多いかを数えましょう。また、その理由を考えてみましょう。

名前を縮めると…？

じゅげむ　じゅげむ　ごこうのすりきれ
かいじゃりすいぎょの　すいぎょうまつ
うんらいまつ　ふうらいまつ
くうねるところに　すむところ
やぶらこうじの　ぶらこうじ……

じゅげむの **じゅっちゃん？**

📖 調べること

　人の呼び方や愛称・あだ名にはいろいろなパターンがあります。特にもとの名前を縮める言い方はけっこう多くの人に使われているのではないでしょうか。例えば、童謡「さっちゃん」には、「さっちゃんはね　さちこっていうんだ　ほんとはね」という歌詞があります。

こういった名前を縮めた呼び方にはどういったパターンがあるのかを考えてみましょう。

☆ 使うもの
● 特になし

✿ 調べ方

身近な人や有名人の名前を集めます。そして、名前を縮めます。縮める呼び方は後ろに「ちゃん」「くん」「さん」などを続けることがよくあります。紙に元の名前と縮めた呼び方を書いて整理しましょう。だいたい 20 個以上あるといいと思います。

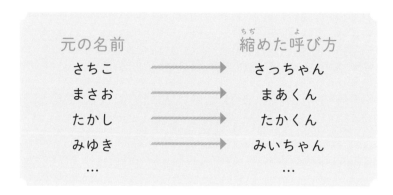

元の名前		縮めた呼び方
さちこ	⟶	さっちゃん
まさお	⟶	まあくん
たかし	⟶	たかくん
みゆき	⟶	みいちゃん
…		…

集めたらパターンを整理します。整理は「たかくん」のように「名前をそのまま縮めた呼び方」と「さっちゃん」のように「**名前を変えた呼び方**」に分けてみます。上に挙げた名前にそれぞれ印を付けていくといいでしょう。

　分けることができたら、今度は「名前を変えた呼び方」についてもう少し分析をしてみます。「名前を変えた呼び方」はどう変えているでしょうか。先ほど例に挙げた名前では次のように変わっています。

さちこ ⇒ さっ（ちゃん）
　　　　はじめの字だけ使って、「っ」を付けている
まさお ⇒ まあ（くん）
みゆき ⇒ みい（ちゃん）
　　　　はじめの字だけ使って、それを伸ばしている（maa、mii）

　この他にもどのようなパターンがあるか、考えましょう。

❧ さらにチャレンジ

❶ 音を分析をする

　さっきは、はじめの字のあとに「っ」を付けるか、はじめの字を伸ばすかで分けましたが、どういった名前だと「っ」が付くのか、または伸ばすのか、分類しましょう。

　１つヒントになるかもしれないのが２字目のひらがなです。２字目のひらがなによって、名前の呼び方が分かれていることが考えられます。

　国語の時間に五十音図をならったでしょう。ここにあるカ行やナ行といった「行」が同じ、または似た音のグループを表しています。名前の２字目が五十音図のどの行になるかに注目してみましょう。

❷ 「できない」パターンを考えよう

　上では「くん」や「ちゃん」を付けて縮める呼び方を集め、どういうパターンがあるのかを考えてきました。それでは「できない縮め方」のパターンがあるのか考えてみましょう。例えば、「みゆき」は

60

「みいちゃん」にも「みっちゃん」にもできますが、「さちこ」は「さっちゃん」にできても「さあちゃん」にはできそうもありません。

　これを考えるためにはおそらくもっと多くの名前について縮^{ちぢ}めてみることが必要^{ひつよう}でしょう。

 コラム

ひっくり返^{かえ}す言葉^{ことば}

　ジャズミュージシャンや芸能界^{げいのうかい}などではわざと言葉^{ことば}をひっくり返^{かえ}して使^{つか}うことがあります。これはズージャ語（ジャズをひっくり返^{かえ}すところから来^きた）と呼^よびます。ズージャ語の例^{れい}をいくつかあげますので、作り方を考えてみましょう。

めし	→	シーメ	きゃく	→ クーキャ
くすり	→	スリク	こども	→ ドモコ
ふめん	→	メンフ	パンツ	→ ツンパ
コーヒー	→	ヒーコー	タクシー	→ シータク
カラオケ	→	オケカラ	ストーブ	→ ブースト
ひ（火）	→	イーヒー	め（目）	→ エーメー

多い音はどれ？

調べること

　みなさんはいつも日本語で書かれた文字を読んでいると思います。文字は「あ」「め」「け」というように声に出して読むことができます。つまり、文字には音があります。では、文章の中で一番多く使われている文字（音）はどれか知っていますか？

　文字の中にはよく使われる音や、反対に、あまり

使<ruby>使<rt>つか</rt></ruby>われない音というようにかたよりがあります。

　ここでは音のかたよりを調べます。

☆ 使うもの

● 本、マンガ、<ruby>雑誌<rt>ざっし</rt></ruby>、新聞など

● マス目のついたノート

❀ 調べ方

　音のかたよりをもう少し<ruby>具体的<rt>ぐたいてき</rt></ruby>に<ruby>言<rt>い</rt></ruby>い<ruby>換<rt>か</rt></ruby>えると、どの音が文章に多く出てくるのかということです。

❶ <ruby>文章<rt></rt></ruby>を<ruby>決<rt>き</rt></ruby>める

　まず、調べる文章を<ruby>決<rt>き</rt></ruby>めます。さまざまなジャンルの文章を<ruby>比<rt>くら</rt></ruby>べるのがいいので、本だけでなく、マンガや<ruby>雑誌<rt>ざっし</rt></ruby>なども入れます。<ruby>例<rt>たと</rt></ruby>えば<ruby>物語<rt>ものがたり</rt></ruby>なら「かいけつゾロリ」「<ruby>若<rt>わか</rt></ruby>おかみは小学生！」のような感じで、だいたい１つのジャンルにつき３〜５つぐらいの<ruby>作品<rt>さくひん</rt></ruby>や<ruby>記事<rt>きじ</rt></ruby>があるといいと思います。ただ、<ruby>大変<rt>たいへん</rt></ruby>なときは<ruby>減<rt>へ</rt></ruby>らしてもいいです。

本は物語の他にも料理の作り方や、教科書などを使ったり、本以外にも新聞記事や説明書などの文章を使うとジャンルがさらに広がります。

❷ 文章を写す

選んだ文章をノートなどに写します。写すと言っても、今回は音の数を調べるので、全てひらがなにします。また、全てを写すのは大変ですし、量の違いがあるので、1つの文章につき100字だけ写します。

❸ 文字を数える

写し終わったら、文章ごとに出てきた文字の数を数えます。五十音図を書いて、正の字を書き入れるなどするといいでしょう。

あ	い	う	え	お	まとめ用
下	一	正	一	丁	
か	き	く	け	こ	
一	丁	一		下	

:

文章ごとの集計ができたら、それをジャンルごとにまとめます。例えば、物語３作品の結果をまとめたものの一部を下に書きます。

字	あ	い	…	わ	を	…	ちゃ	ちゅ
数	7	21		3	7		2	0

　「つ」や「も」といったひとつひとつの音では違いが分かりづらいかもしれません。そこで、あ段、い段、た行、な行というように段や行単位でまとめてみましょう。上の表を行単位でまとめたのを下に書きます。

行	あ行	か行	…	だ行	…	ー	っ
数	98	66		22		2	14

　数えた結果は、表にするのと同時に、棒グラフを使ったランキングや、クイズの形にしてまとめなおすと見やすくなります。

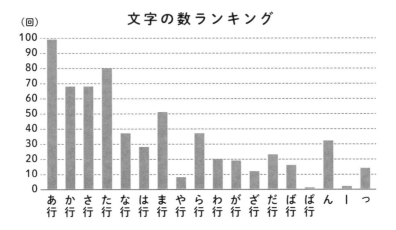

文字の数ランキング

(回)

縦軸の目盛り: 100, 90, 80, 70, 60, 50, 40, 30, 20, 10, 0

横軸: あ行 か行 さ行 た行 な行 は行 ま行 や行 ら行 わ行 が行 ざ行 だ行 ば行 ぱ行 ん ｜ っ

❹ 理由を考える

　ジャンルによって音の数に違いがあったでしょうか。出てくる音のかたよりが分かったら、その理由を考えます。

　その前に気をつけるのはある特定の文章にだけやたら多い音がないかです。例えば「桃太郎」は「も」が多く出てきます。これは「ももたろう」という名前が多く登場するからです。

　文章ごとに原因が分からないものは、もっと別の原因が考えられるので、その原因を考えます。この他に、どのジャンルでも多い音や少ない音にはどういったものがあるのか調べるのもいいですね。

隠れた「っ」を探せ!

がくしゃ 学者　がっこう 学校　がくしゅう 学習

📖 調べること

　漢字を勉強すると同じ漢字でも音読みと訓読みが
あることに気付きます。さらに、同じ音読みでも熟
語によって読み方が変わるものもあります。例えば、
「特」は「特別」では「く」になりますが、「特急」で
は「っ」になります。このような「っ」になる漢字
を探して特徴を考えましょう。

☆ 使うもの

●国語辞典、漢字辞典　●新聞・教科書・本・マンガなど

❀ 調べ方

　本などで熟語を集め、辞書でさらに「仲間」になる熟語を集めます。

❶ 熟語を集める

　漢字２字でできた熟語をたくさん集めます。「っ」の入った熟語と、「っ」の入っていない熟語をそれぞれ１０語ぐらい集めることを目標にしましょう。

　新聞や本、教科書などを使ってもいいですし、自分で考えてもいいです。自分で考えるときは学校で使うものを思い浮かべたり具体的な場面を考えるといいでしょう。

　ある本から漢字２字の熟語を集めたところ、次のようになりました。

「っ」の入っていない熟語

実現、想像、成績、記憶、確認…

「っ」の入っている熟語

借 金、学校、実際、圧倒、発揮…

❷ 「仲間」になる熟語を集める

　辞書を使って❶で集めた熟語と1字目の漢字が同じ熟語を集めます。例えば「学校」なら「学生」や「学部」になります。そして、「っ」がある熟語（学校）と「っ」がない熟語（学生、学部）に分けます。次のような表にするといいですよ。

一字目	「っ」なし	「っ」あり	パターン
実（じつ）	実現、実物、実母	実際、実家、実施	ア
想（そう）	想像、早期、想定		イ
成（せい）	成績、成長、成果		イ
記（き）	記憶、記号、記事		イ
確（かく）	確認、確実、確保	確固	ア
借（しゃく）	借地、借家、借間	借金	ア
学（がく）	学園、学者、学費	学校、学期、学級	ア

圧（あつ）	圧力 （あつりょく）	圧倒、圧縮、圧迫 （あっとう）（あっしゅく）（あっぱく）	ア
発（はつ）	発育、発言、発売 （はついく）（はつげん）（はっぱい）	発揮、発刊、発見 （はっき）（はっかん）（はっけん）	ア

🌸 まとめるためのヒント

❶ パターンを整理する

集めた熟語を１字目の漢字ごとに、次の３つのパターンに整理してみましょう。

> ア…「っ」なしも「っ」ありもある
>
> イ…「っ」なしだけ
>
> ウ…「っ」ありだけ

すべてのパターンがあるでしょうか？

❷ パターンの正体を考える

パターンは適当に決まっているのでしょうか。ヒントを参考にして漢字１字のときの読み方に注目してみましょう。

ヒント

● 音の数（「記（き）」は１つ、「学（がく）」は２つ）

● ２音目（「がく」や「せい」）

　国語辞典の見出し語のほかに、漢字辞典の見出しにある熟語の一覧を使うと探しやすいです。

　例外（他は「っ」があるけど、ある漢字は「っ」が付かないなど）があるときは、それも書いておきましょう。

●筆順●

じつ【実】 ジツ／　3年
音 ジツ
訓 み・みのる
宀
8画

、ハ宀宀宇宇実—実

❶ まこと。まごころ。例 実を言うと宿題をやっていない。

❷ ほんとうの。対 虚。

❸ くだものなどの、み。例 果実。

熟語 実演・実家・実感・実況・実験・実現・実行・実際・実在・実施・実質・実習・実績・実践・実測・実体・実態・実費・実物・実用・実力・実例・実話／口実・事実・写実・充実・誠実・忠実・無実。

『例解学習漢字辞典　第7版』（小学館）

71

5・7・5 仲間はずれは どこにいる？

ひーふー
みーよー……

📖 調べること

　国語の時間に「古池や蛙飛び込む水の音」や「閑さや岩にしみ入る蝉の声」といった俳句に触れた人は多いのではないでしょうか。俳句の決まり事は大きく分けて次の2つがあります。

> 1 季語を入れる

2 句の長さを 5・7・5 にする

　しかし、俳句には 5・7・5 を守ってないものもあ
ります。例えば、「目には青葉　山ほととぎす　初が
つお」という俳句は最初の句が 6 になります。

　こういった字数が多くなったものを「字余り」と
呼びます。では字余りは好き勝手に作ってもいいも
のでしょうか。実は、字余りもいろいろ見ていると、
規則が見えてきます。ここでは俳句と同じく 5・7・
5 ですが、季語がない「川柳」も見ていき、字余り
の規則について調べていきます。

☆ 使うもの

●インターネット

✿ 調べ方

　インターネットで「小学生俳句大賞」や「サラリ
ーマン川柳」を検索します。そうすると、コンテス
トの投票や過去の受賞作が見られるウェブページを

見ることができます。ここにある俳句や川柳を1つずつ見ていき、字余りの句を見つけたらメモに書き出していきましょう。

　例えば、2020年の優秀作品を見ると「冬の朝　ミネストローネは　ぐだくさん」「ゆきだるま　丸くするのに　全しゅう中」「我が家では　最強スクラム　妻・娘」「パプリカを　食べない我が子が　踊ってる」「もうアラフォー　新卒続かず　まだ若手」などの字余りが見つかります。

　字余りの句だけでは字余りの規則は分からないので、字余りの句と同じぐらいの数の「5・7・5の句」もメモしておきましょう。

🌸 まとめるためのヒント

　字余りの句と5・7・5の句の間にどういった違いがあるのかを考えます。このときのコツは実際に声に出して発音することです。何か気づいたことがあったらメモをしましょう。

　声に出しても分からないときは、五十音を書き出

すといいです。字余りを含む部分（「最強スクラム」や「もうアラフォー」など）と字余りを含まない部分（「まだ若手」や「我が家では」など）に分けて、それぞれ五十音のうちどういった音が多いか数えていきます。

　言葉の規則を考えるときには、全ての例を１つの規則で説明する必要はありません。例外もあります。なので、「〜が多い／少ない」のような言い方で構いません。

　見つけた規則が正しいかどうか、さらに検証します。そのために、別の年の小学生俳句大賞やサラリーマン川柳を見るといいですね。

✿ さらにチャレンジ

　もし何人かにアンケートができるようなら、例えば「夏休み　暑さ忘れて　　　　　　　」のように川柳の一部を作り、空欄に入る言葉を考えてもらう形で川柳を集めてもいいでしょう。このときただ作るだけでなく、「字余りの句」と「5・7・5の句」を１つずつ作ってもらうようにするのがコツです。

上がるの？
下がるの？

帰る！

帰る？

調べること

　言葉の音が変わると意味が変わります。例えば「みず（水）」の「ず」を「ぞ」に変えると「みぞ（溝）」になります。しかし、音はこうした文字に表れるものだけではありません。ここでは文字には表れない「声の高低」について考えていましょう。

　地域によりますが、「梅」を花の名前で発音すると

76

きと人の名前で発音するときで違う音になります。試しに次の文を声に出して読んで確かめてみましょう。

1 やっと梅の花が咲いた　　（花）
2 やっと梅の妹に会った　　（人）

　ここではこのような文字に現れない音の違いについて調べます。ちなみに1と2の発音に違いがない地域の人でも問題なく取り組むことができます。

☆ 使うもの
○レコーダー

❀ 調べ方

　声の高低の例として、次の会話を発音してみましょう。

A 誰か来るの？　　　　B うん、友達が来るの。

Aは最後の「の？」で声が上がるのに対して、B
の「の。」では声は上がらないでしょう。こういった
声の高低を「イントネーション」と呼びます。

❶ 基本のパターンをたしかめる

話の最後のイントネーションを調べます。次の文
を発音して最後が上がるかどうか考え、上がるもの
は（　）に〇を付けましょう。

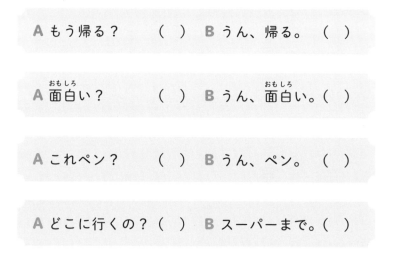

A もう帰る？　　（　）　B うん、帰る。（　）

A 面白い？　　（　）　B うん、面白い。（　）

A これペン？　　（　）　B うん、ペン。（　）

A どこに行くの？（　）　B スーパーまで。（　）

これらの文から、どういうときに上がるのかをま
とめましょう。

おそらくAのセリフはどれも最後が上がると思い

ます。では、**A**のセリフはどういうセリフでしょう
か。

❷ 他のパターンもたしかめる

　Bのセリフはほとんどが上がらなかったと思いま
す。しかし、セリフを少し変えると、最後が上がる
かが変わってくることがあります。次のようにした
らどうでしょう。

　B うん、帰るよ。　　（　）

　B うん、面白いよ。　（　）

　B うん、ペンだよ。　（　）

　B スーパーまでだよ。（　）

　最後を「よ」に変えるとイントネーションが変わ
りやすくなるのではないでしょうか。それでは他に
も最後を高くしやすくする言葉はないか考えてみま

しょう。

✿ さらにチャレンジ

　最後が上がるパターンと上がらないパターンに分
けてみました。そして、言葉によって、最後が上が
りやすくなることも確かめました。

　それでは、「上がる」というのは１つでしょうか。
次の文をできるだけ感情を込めて声に出して読んで
みてください。

3（遊び疲れた友達に向かって）

　　A もう帰る？　　　　**B** うん、帰る。（返事）

4（帰りたいのになかなか帰ろうとしない人に向か

　　って）もう帰る！

　3も**4**も最後に上がるパターンが入っていますが、
どこかに違いがありませんか？　この違いを言葉で
説明してみましょう。

　また、いろんな場面を想像して次のセリフを言っ

てみましょう。そして、どういうときにイントネーションがどう変わるか考えます。

「どうしたの」

 コラム

高く平らなイントネーション

　博多を中心とした福岡の方言では、「誰」や「何」を使う疑問の文で、「誰」や「何」からあとが高く平らなイントネーションになります。東京と比べるとだいぶ違うパターンです。サポートページで音声を聴くことができるので、ぜひ聴いてみてください。

❶ 誰がラーメン食べたの？
　　東京　ダレガラーメンタベタ<u>ノ</u>
　　福岡　ダレガラーメンタベタト
❷ 太郎は何が食べたいの？
　　東京　タローワナニガタベタイノ
　　福岡　タローワナニガタベタイト

「ん」ばかりことばを
作ろう

調べること

　日本語にはいろいろな音があります。その中でも少し変わっているのが「ん」の音です。しりとりをするとき、「ん」で終わると負けになりますが、その理由は「ん」で始まる言葉がないからですね。

　しかし、日本語には「かんだ」、「ごはん」、「パターン」、「とんとん」などのように「ん」を使う言葉

82

は、少なくありません。

　ここでは「ん」をたくさん使った、「ん」ばかり言葉を作っていきます。

☆ 使うもの
○国語辞典

✿ 作り方

　ルールは2つあります。1つ目は、「ん」をなるべくたくさん続けることです。でも、「んん」のように続く言葉はないので、<u>「〇ん」のように別の音を1つ間に入れて続けます</u>。例えば「し<u>ん</u>か<u>ん</u>せ<u>ん</u>」は良いですが、「し<u>ん</u><u>はっけん</u>」はダメです。

　2つ目は、例えば「け<u>ん</u><u>どう</u>」や「ア<u>ン</u>サ<u>ン</u><u>ブル</u>」などのように最後2音は「ん」でなくてもいいです。これは簡単にするためのルールなので、上級者になったらなくしてもいいかもしれません。

　これらのルールに従って長い言葉を作り、「ん」の数を点数にします。

いくつか例をあげます。

- えんばんなげ（2点）
- てんけんセンター（3点）
- さんしんざんねん（4点）
- かんたんワンタンめん（5点）

　例の中には「かんたんワンタンめん」のようにみなさんが聞いたことのない言葉もあると思います。でも、「簡単に作れるワンタンめんだよ」と説明されたら分かりますよね。こうやって説明できるならいいので、どんどん言葉をつなげていきましょう。

　例えば「よんてんまんてんがんばれ（四点満点がんばれ）」だとどうでしょうか？　説明を考えてみてください。

❀ まとめるためのヒント

　「ん」が多く出てきやすい種類の言葉があります。例えば、和語（日本で昔からある言葉。主に訓読みの漢字）

よりも漢語（中国から入ってきた言葉。音読みの漢字）や外来語の方が「ん」は多くなります。特に漢語は「ん」で終わる言葉が多いので、言葉を続けやすいです。例えば「新（しん）」で始まる言葉なら、「新人」、「新刊」、「新幹線」などのようにいくつか思いつくのではないでしょうか。この他にも国語辞典で「しん」から始まる言葉を探すのもいいですね。

　また、「とんとん」「パンパン」のように、擬音語・擬態語も「ん」を多く使うので、何があるか考えてみるといいでしょう。

❦ さらにチャレンジ

　たくさんの「ん」ばかり言葉を作ったら、今度は発音に注目してみましょう。

　作った言葉を発音して、「ん」のときに口のどこを動かしている（くっつく、近づく）かを考えてください。例えば、「ぎんば」と「パンダ」の「ん」を比べると、「ぎんば」では唇を、「パンダ」では歯ぐきのあたりを使っていませんか。

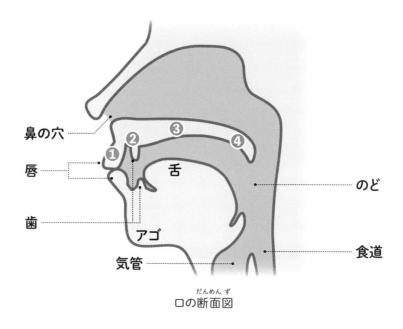

鼻の穴
唇
歯
舌
のど
アゴ
食道
気管

口の断面図

　「ん」を発音したときに使っている場所がどこか、口の断面図にある❶〜❹から選びましょう。

　いくつか発音を確かめたら、どういう音のときにどこを使っているのかまとめましょう。

　少しヒントを出すと、「ん」に続く音に注目することが大切です。

3

文・会話のしくみ

ええとね

あのう……

うーん

　文は単語を組み合わせて作ります。しかし、ただ単語を
組み合わせても文はできません。例えば、物語のはじまりで、
「ある村に1匹のネズミがおりました」というのは自然だけど、
「ある村に1匹のネズミはおります」というのは
少し不自然に感じられるように、単語の組み合わせ方にも
決まりがあります。この章ではそういった文や会話に
関わるしくみについて考えます。

つくる　　　　　　レベル
1

いくつ
意味がある？

📖 調べること

　言葉にはいくつか意味があることがあります。例えば「うまい」という言葉は「サッカーがうまい」というように「上手」という意味もあるし、「ケーキがうまい」というように「おいしい」という意味もあります。

　これは「うまい」という言葉に２つの意味がある

と考えますが、文にも２つ以上の意味があることが
あります。例えば次の文を見ましょう。

黒い鳥のたまご

この文で「黒い」ものは何でしょうか？　１つは
鳥ですね。カラスのように黒い鳥はいます。

もう１つはたまごです。黒いたまごなんて見たこ
とないよという人もいるかもしれません。しかし、中
華料理にはピータンという黒いたまごがあります。

このようにいくつかの意味がある文を**あいまい文**
と呼びます。ここではこういったあいまい文を作っ
て、絵にします。

☆ **使うもの**

●特になし

❀ 作り方

❶ パターン1「黒い鳥のたまご」

　あいまい文になるものにはいくつかのパターンがあります。1つは先ほど例で出した「黒い鳥のたまご」のようなパターンです。これは仮に次のように書くことができます。

> **パターン1（仮）**　色＋何の＋何

　練習として、このパターン1のあいまい文を1つ作ってみましょう。

　パターン1のうち「色」のところは色に限らず他の言葉を入れることもできます。例えば「大きさ」に関する言葉を入れてみましょう。

大きい	みかんの	箱
小さい	猫の	赤ちゃん
広い	公園の	ベンチ
狭い	家の	机

他にも「形」や「感覚」に関する言葉もあります。

| 四角い | ギターの | 箱 |
| 苦い | 野菜の | スープ |

　こうして見てみると、パターン１のあいまい文は姿を表現した言葉とまとめることができそうです。これをひとことで言うと「どんな」あたりではないでしょうか。

パターン１（正）　どんな＋何の＋何

　最後にこのパターン１のあいまい文を３つ作って絵にしてみましょう。

❷ パターン２「犬とネコのエサを買う」

　別のパターンのあいまい文に次のようなものがあります。どんな意味になるか考えてみましょう。

1 太郎と花子の親がいるよ

2 犬と猫のエサを買ってきた

　1は太郎と花子のふたりの親がいるのか、太郎と一緒に花子の親（太郎の親ではない）がいるのかという点であいまいです。2は犬と猫のエサをそれぞれ買ったのか、犬と一緒に猫のエサを買いにいったのかという点であいまいです。

　このパターンは「誰」が2つ出てきて、それと「何」の関係があいまいです。したがって、次のようにまとめることができます。

パターン2　誰と＋誰の＋何

　同じように、パターン2のあいまい文も3つほど作って絵にしてみましょう。

　作った絵の上に文を書いて、クイズにするのもいいですね。

❧ さらにチャレンジ

　次の文はいくつ意味があるのかを考えて、それを
絵にしてみましょう。

　頭が　　赤い　　魚を　　食べる　　猫

　中村明裕さんが考えたこの有名な文はいろいろな
ところで紹介されています。

❧ コラム

言わないあいまい文

会話ではすでに分かっている言葉を省略できます。

Ａ「昨日ケーキを作ったんだ」
Ｂ「僕も作ったよ」（「ケーキ」が省略）

　このときもあいまい文になることがあります。通常この
会話で省略された「ケーキ」はＡさんと別のケーキだと考
えます。しかし、もしＢさんがＡさんの弟で、一緒にケー
キを作ったのをみんなに伝える場面なら、Ａさんと同じケ
ーキにもなります。つまり、言わないものが何を表すのか
があいまいになるんですね。

「た」を変えてみよう

流れてきました**た**

流れてきま**す**

📖 調べること

　日本語では昔に起こった出来事（過去）を表すのに
「た」を使います。次の文を比べてみましょう。

> 休み時間の教室に先生が来て
>
> 先生　「あきらさんはいますか？」
>
> 友達　「あきらさんならだいぶ前に外に**出ました**よ」

この会話で友達は「だいぶ前」と言っていることから、出来事が昔（過去）であることが分かります。ここで「あきらさんならだいぶ前に外に**出ますよ**」と言うとおかしくなりますよね。これは「た」が昔の出来事を表すからです。

　このような昔のことを表す「た」の使われ方を、物語を使って考えてみましょう。

☆ 使うもの

●絵本、マンガ、小説などの物語。短いものがおすすめ。

調べ方

　物語の文の終わりにある「ました」を「ます」に変えてみます。例えば「桃太郎」を使ってやってみましょう。「桃太郎」のはじめは次のようになっています。

　昔々、あるところにおじいさんとおばあさんがお

りました。ある日、おじいさんは山へ枝を取りに、おばあさんは川へ洗濯に行きました。おばあさんが川で洗濯をしていると、川上から大きな桃がどんぶらこどんぶらこと流れてきました。

ここにある「ました」を「ます」に変えると次のようになります。

昔々、あるところにおじいさんとおばあさんがおります。ある日、おじいさんは山へ枝を取りに、おばあさんは川へ洗濯に行きます。おばあさんが川で洗濯をしていると、川上から大きな桃がどんぶらこどんぶらこと流れてきます。

変えた文がおかしいかどうかを考えていきます。おかしくないものを〇、おかしいものを×、判断に悩むものを△というように印を付けましょう。たぶん「ます」に変えると「×」が多くなるのではないでしょうか？

ところが同じ「桃太郎」でも別のシーンだと少し

変わってきます。次は桃太郎たちが鬼ヶ島で鬼と戦う場面です。

犬は鬼にかみつき**ました**。猿は鬼たちの顔をひっかき**ました**。そしてキジは頭をつつき**ました**。鬼たちは「助けてくれえ」といいながら逃げ回り**ました**。

同じように「ました」を「ます」に変えます。

犬は鬼にかみつき**ます**。猿は鬼たちの顔をひっかき**ます**。そしてキジは頭をつつき**ます**。鬼たちは「助けてくれえ」といいながら逃げ回り**ます**。

　最後の文の「逃げ回りました」は「逃げ回ります」と変えても「おかしくない」とする人が多くなるのではないでしょうか。
　こうやって、1つずつ見ていき、「ます」に変えるとおかしい文、「ます」に変えてもおかしくない文に分けます。

✿ まとめるためのヒント

「ました」を「ます」に変えてもおかしくない文では、「ます」に変えると文からうける感じはどのように変わるでしょうか。「ました」と「ます」の違いは、単に昔かどうかの他にもあるかもしれません。

✿ さらにチャレンジ

文の終わりの言葉がどういったことを表すかを考えてみましょう。例えば、「かみつきます」や「ひっかきます」は「動き」を表しますが、「おります」は「様子」を表しています。

「は」と「が」は どう並んでる？

📖 調べること

　日本語には「が」「を」「に」「は」など、他の言葉の後ろにくっつける言葉があります。これらは意味ではなく、言葉同士の関係を表します。

　例えば日本語で「ネコがネズミを追いかける」という文では「が」と「を」で「追いかけるもの」と「追いかけられるもの」を表しています。

文・会話のしくみ

ネコが　ネズミを　追いかける

ネコを　ネズミが　追いかける

ちなみに英語や中国語では言葉同士の関係は言葉
の順序で表します。中国語の例を見てみましょう。

猫　　追　　老鼠（ネコがネズミを追いかける）

老鼠　　追　　猫（ネコをネズミが追いかける）

「は」や「が」のように言葉の前後をくっつける言
葉を「助詞」と呼びます。日本語の助詞にはこの他
に「に」や「から」などがありますが、ここでは
「は」と「が」という助詞について考えていきます。

☆ 使うもの
○絵本、童話などの短い物語がおすすめ。

❀ 調べ方

ここでは、話の中で「は」と「が」の出てくる順

番を考えていきます。使うのは「は」と「が」が登場しやすい物語の冒頭です。例として、イソップ童話からいくつか見ていきましょう。なお、以下のように2つの文で同じ言葉の後に「は」や「が」がつくものを探します。

　　いなかに住んでいるねずみが、町に住んでいる
ねずみと友達になりました。
「ねえ、きみ。」
　　と、ある日、いなかのねずみが言いました。

（いなかのねずみと町のねずみ）
（三田村信行『イソップどうわ2年生』より、以下も同じ）

　これは「が」「が」という順番です。別の物語も見ていきましょう。

　　きつねが、りょうしたちに追われていました。
　　息を切らし、へとへとになりながらも、きつね
は逃げ続けました。

（きつねときこり）

これは「が」「は」という順番です。

> のどの乾いた鹿が、泉のほとりにやってきました。
> 「やれやれ、やっと水にありついたよ。もう、死ぬ
> かと思った。」
> 鹿は、のどをならしてごくごくと泉の水を飲み
> ました。
>
> （しかとライオン）

これも「が」「は」という順番です。

このように集めていき、表にしてまとめておくと
いいでしょう。

	1つ目	2つ目
いなかのねずみ	ねずみが	ねずみが
きつねときこり	きつねが	きつねは
しかとライオン	鹿が	鹿は

次のように、「は」も「が」もない文が出てくるこ
ともあります。そういうときは×をつけましょう。

占い師がいました。

町の広場に店を出して、いろいろなことを占っ

ていました。

（まぬけな占い師）

🏵 まとめるためのヒント

　表を使い「は」と「が」の順番でどれが多いのか
数えます。助詞は「が」と「は」で、何もないとき
（×）もあるので、組み合わせは全部で９つです。こ
れを表やグラフにするといいでしょう。

	が・が	が・は	が・×…
数	3	10	2…

🎀 さらにチャレンジ

　助詞をそれぞれ入れ替えてみて、文がおかしくな
るかを考えてみましょう。また、×の文に助詞「は」
や「が」を入れることができるか考えてみましょう。

かんがえる レベル ②

始まりのことばを
考えよう

えーと……　あのう　えーと……

📖 調べること

　私^{わたし}たちが普段^{ふだん}話している言葉を書^かき取^とってみると、
思^{おも}っている以上^{いじょう}にいろいろな言葉を付^つけ足^たしていま
す。例^{たと}えば、実際^{じっさい}の会話の録音^{ろくおん}を書^かき取^とると、「あの
う（あのー）」や「ええと（えーと）」といったフィラー
や言いよどみと呼^よばれる言葉がよく出てきます。

最近ねン学校でねあの結構あの前はね好き嫌いい

っぱいあったんだけどね

（日本語日常会話コーパスより）

「あのう」も「ええと」も何かを考えているときに
出す言葉です。実際、次の会話では ◯◯ に「あのう」
と「ええと」のどちらを入れても自然です。

親　おじいちゃんにおやつに何を買ってもらった
　　の？

子　◯◯ね、クレープとソフトクリーム

しかしこれらはいつも同じ使い方でしょうか。こ
こでは「あのう」と「ええと」の使い分けについて
調べます。

☆ 使うもの
○マンガ、小説など　○アニメ、ドラマの録画

🌸 調べ方

❶ マンガや小説から探す

　マンガや小説などのセリフを見ていき、「あのう」とか「ええと」が使われている部分を探して前後の場面やセリフといっしょに書いていきましょう。

❷ アニメやドラマから探す

　マンガや小説と同じように、アニメやドラマを見て、「あのう」や「ええと」が使われていたら、前後の場面やセリフと一緒に書いていきましょう。

❸ 自分でも考えてみる

　次のセリフの　　では「あのう」と「ええと」のどちらを使うか、考えてみましょう。

> 先生　　1927+2256 はいくつ？
> 生徒　　　　　……4183 です

　それでは、次の場合はどうでしょう。

　　　　　　、ちょっと、窓を開けてもらえますか？

　どちらも入るという人もいるかもしれませんが、よ
り自然になのはどちらかを考えましょう。
　集める例はそれぞれ５個ぐらいあるといいと思い
ます。

🌸 まとめるためのヒント

❶ 「あのう」や「ええと」を使う場面を考える

　集めた例を整理して、「あのう」や「ええと」とい
う言葉がどういう場面で使うのかを考えましょう。
　いくつか役に立つ例をあげます。

探偵　　それで、どういう事件なんですか？
刑事　　はい。（手帳をめくりながら）　　　　、被害
　　　　にあったのは 30 歳の女性で…

　これは「質問への答え」という場面で、「はい」と
答えてから手帳をめくっています。

この他に、場面には話す人の気持ちも入れます。例えば下の例は「言いづらそうにしている」という場面です。

　　　　　　　　　、チャックが、空いてますよ…

そして、他にも次のようなひとり言でつぶやく場面もあります。

本はどこにあるかな。　　　　　、たしか昨日読んでから…

こうやって、場面をひとつひとつ考えて、「あのう」と「ええと」のどちらも使えるか、片方だけ使えるか、考えてみてください。

しらべる

レベル 2

世界のことばの 並び順はどうなってる？

文・会話のしくみ

📖 調べること

　私たちは言葉を並べることで文を作っています。しかし、デタラメな順序に並べても正しい文にはなりません。1と2を比べましょう。

1 夏休みはおばあちゃんの家に行くよ

2 行く夏休みおばあちゃん家はのによ

2 は「は」「の」「に」「よ」というくっつける言葉を続けているなどかなりデタラメです。そこで「くっつける言葉を続けない」という決まりを作るとどうなるでしょうか。

> **3　家のおばあちゃんに行くは夏休みよ**

　だいぶ日本語っぽい文ですが、並べ方がかなりおかしいです。

　このように、言語にとって言葉の並べ方はとても重要な決まりごとです。それでは世界の言語の言葉の並べ方はどのようになっているでしょうか。ここではインターネットを使って言葉の並べ方を調べます。

☆ 使うもの
● インターネット（パソコン、スマートフォン）

✿ 調べ方

　インターネットの Google 翻訳というサービスを

使うと、日本語から外国語を調べることができます。
「グーグル翻訳」と検索して見つけることができます。

　Google 翻訳はパソコンであれば左右、スマートフォンであれば上下に分かれています。それぞれ左や上に日本語で入力します。すると、翻訳された文が右や下に出てきます。

　ここでは「誰が　何を　どうする」という文での言葉の並べ方を考えます。

　パソコンで「猫が犬を見た」と入力します。右の∨を押して翻訳先の言語を選びます。「中国語（簡体）」にすると次のように表示されます。

日本語・自動検出	英語	日本語	∨	⇄	｀	中国語（簡体）	マラガシ語	∨
猫が犬を見た				×		猫看见了狗		☆

　まだこれだけでは「誰が」「何を」「どうする」がそれぞれどれか分からないので、「猫」と「犬」を入れ替えます。そうすると結果は次のように変わります。

日本語・自動検出	英語	日本語	∨	⇄	｀	中国語（簡体）	マラガシ語	∨
犬が猫を見た				×		狗看见了猫		☆

文・会話のしくみ

ここから、「狗看见了猫」と「猫看见了狗」で入れ替わったところがそれぞれ「誰が」「何を」にあたります。

　つまり、日本語では「何を　どうする」となっていた並び順が、中国語では「どうする　何を」という並び順になっていることが分かります。これは図にすると分かりやすくなります。

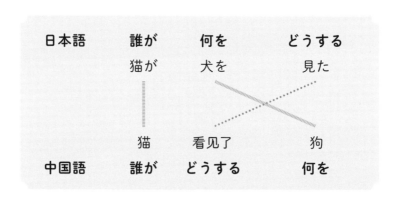

　別の言語でも試してみます。翻訳先の言語をトルコ語にすると結果は次のようになります。

日本語 - 自動検出　英語　日本語　∨　↩　トルコ語　中国語（簡体）　英語　∨
猫が犬を見た　　　　　　×　　Kedi köpek gördüm　　☆

日本語 - 自動検出　英語　日本語　∨　↩　トルコ語　中国語（簡体）　英語　∨
犬が猫を見た　　　　　　×　　Köpek kediyi gördü　　☆

ここから、トルコ語の並び順が日本語と同じ「誰が　何を　どうする」であることが分かります。

🌸 まとめるためのヒント

　10個ぐらいの言語を調べたら、次のような表にしてまとめます。最後にどういう並び順が多いか、少ないかを数えましょう。

日本語	猫が犬を見た	誰が　何を　どうする
中国語	猫看见了狗	誰が　どうする　何を
トルコ語	Kedi köpek gördüm	誰が　何を　どうする

※なおここでgördümは正しい形ではありません

🎀 さらにチャレンジ

　「誰の　何」（例「父の手」）が日本語と同じか、「何の誰」（例「手の父」）となるかも言語によって違います。どうやって調べたら良いか考えて、いろいろな言語で調べてみましょう。

かんがえる　レベル③

並べ替えられない ことばを探そう

📖 調べること

　日本語では、文の中で言葉を並べ替えても不自然にならないことが多いです。例えば「あきらが本を読んだ」という文は「本をあきらが読んだ」としても不自然にはなりません。それでは、日本語は自由に言葉を並べ替えてもよいのでしょうか。

　上の例と同じ「読んだ」を使った「さばを読んだ」

114

という「年をごまかす」意味の慣用句がありますが、これを「読んださばがばれた」とすると少しおかしくなります。ここではこういったことわざや慣用句の特徴について調べてみましょう。

☆ 使うもの
● ことわざ、慣用句の本　　● 国語辞典

🌼 調べ方

ことわざや慣用句の本を使って、「を」や「に」を使う慣用句を集めます。できたら10個以上集めたいところです。

例えば次の慣用句、ことわざで考えます。

- しらを切る
- 足を洗う
- 能ある鷹は爪を隠す

次に、これらを使ったより自然な文を作ります。具

体的には、「〜は」や「〜が」といった言葉がなければそれを加えます。また、他にも「いつまでも」や「ようやく」など言葉を補うことでより自然な文になります。

- あきらはいつまでもしらを切り続けた
- 大悪人がようやく足を洗った

　集まった文の言葉を入れ替え、自然かどうか（もとの慣用句、ことわざと同じ意味になるか）を判断しましょう。ためしに、次の文について判断してみましょう。

- しらをあきらはいつまでも切り続けた
- あきらはいつまでも切ったしらをそのままにした
- 足をあの大悪人がついに洗った
- あの大悪人がついに洗った足を再び汚した
- 爪を能ある鷹は隠す
- 能ある鷹は隠した爪をまた出した

　文の自然さ（同じ意味になるのか）は〇と×という2

つにはきれいに分かれないので、？を入れた3段階ぐらいで判断しましょう。

〇 自然（ことわざや慣用句として同じ意味）

？ 少し不自然（ことわざや慣用句としての意味があまりない）

× かなり不自然（ことわざや慣用句としての意味がない）

🌸 まとめるためのヒント

❶ パターンを整理する

　言葉を入れ替えても自然なもの（ことわざや慣用句としての意味が保たれているもの）と、そうでないものに分けましょう。

❷ なぜそうなるのかを考える

　慣用句やことわざは言葉を並べ替えると不自然なものが多くなったのではないでしょうか。そうしたら、どうして慣用句やことわざでは言葉を並べ替え

ると不自然になりがちなのか、考えてみましょう。

　そのためには、そもそも「慣用句やことわざとは何か」ということが鍵になります。そこで、「慣用句や「ことわざ」という言葉の意味を国語辞典を使って調べてみてください。

　そこから、❶で整理した言葉を並べ替えても不自然にならないものはどういうものになるのかを考えてみましょう。

 コラム

固く結びついた言葉

　慣用句やことわざとは違う種類ですが、言葉（単語）同士の結びつき方には相性があります。例えば「希望」と「願望」はどちらも「願い」のような意味で違いがないように見えます。しかし、「生きる希望を与えた」というのは自然な一方で、「生きる願望を与えた」はやや不自然です。こういった言葉同士の結びつきは「コロケーション」や「連語」と呼ばれます。長い間日本語を学習してきた人でも使い分けるのが難しいコロケーションがあります。

さまざまな
ことば

4

日本では日本語の他に言語があることは意識しないかもしれません。

しかし、街の看板には外国語が書いてありますし、地方によって

異なった方言を使う人もいますし、さらには手話を使う人もいます。

また、相手が変わると言葉の使い方が変わってきます。

つまり、言葉は使う人や相手によって違いがあるわけです。

この章ではそういった言葉の様々な側面に触れられる

ような話題について考えます。

ひらがなのいろいろな書き方を集めてみよう

調べること

　みなさんの中には習字や書写が得意な人も苦手な人もいるでしょう。私は小学生の頃は字が汚いとよく言われ、習字は苦手なほうでした。

　字を書いていると、この書き方でいいのか悩むことがあります。例えば「き」はこの本では３画目の縦棒と４画目のとめを分けて書いていますが、「き」

のように３画目と４画目をつなげて書くものもあり
ます。

　ここでは、ひらがなの書き方にどういった種類<ruby>種類<rt>しゅるい</rt></ruby>が
あるのかを<ruby>探<rt>さが</rt></ruby>していきます。

☆ 使うもの

●本（なんでもいい）　○プリントやチラシ

●ノートや手紙など手書きのもの

●カメラ（スマートフォン）

❀ 調べ方

　本やプリント、チラシで、<ruby>次<rt>つぎ</rt></ruby>のひらがながどう書
かれているのかを見ていきます。

「き」「さ」「な」「ふ」「や」「ゆ」「を」

　ここでは「き」に<ruby>注目<rt>ちゅうもく</rt></ruby>して見ていきます。<ruby>使<rt>つか</rt></ruby>う本
はなんでもいいです。見つけたら１つずつ<ruby>写真<rt>しゃしん</rt></ruby>を<ruby>撮<rt>と</rt></ruby>
っていきます。そして、<ruby>特徴<rt>とくちょう</rt></ruby>をメモします。<ruby>例<rt>たと</rt></ruby>えば

「き」は次のように書くことができます。

写真	どこに あったか	特徴
き	料理の本	下の棒が長い。 つながっている。太い
き	料理の本	棒の長さはほぼ同じ。 はねがある。はなれている。
き	絵本	下の棒が長い。 つながっている。
き	漢字 ドリル	上の棒が長い。 はねが少しある。はなれている。

　これらはいずれもコンピューターで作った文字です。2つ目の「き」は手書きに見えますが、これもコンピューターで作った文字です。
　このように印刷された字でも違いをある程度見ることはできますが、実際の手書きならもっとさまざまな種類の文字が集められます。ただし、発表するときは誰の字か書かないように注意しましょう。
　手書きの字を集めるにはどうすればいいでしょう

か。手書き文字はノートや手紙にありますが、実はマンガにも多くの手書き文字が出てくるので、それを使うこともできます。

写真	どこにあったか	特徴
き	マンガ	棒の長さはほぼ同じ。はねがある。はなれている
き	マンガ	棒の長さはほぼ同じ。どれもまっすぐ。はなれている
き	マンガ	下の棒が長い。つながっている
き	手紙	棒の長さはほぼ同じ。はなれている。

🌸 まとめるためのヒント

　集めた書き方についてまとめます。まとめるときは、例えば次のような点に注目してみるといいでしょう。

1 どの特徴が多かったか

2 特徴の間に関係があるか

　ここで集めた「き」の場合、3、4画目をつなげるかどうかと、1、2画目の棒の長さの関係を表にしてみます。

	上が長い	下が長い	同じ	合計
つなげる	0	3	0	3
はなす	1	0	4	5
合計	1	3	4	8

　この表を見ると3、4画目をつなげる字は下が長くなり、はなした字は同じ長さになることが分かります。上が長くなる場合は1つしか例がないのではっきりしたことは言えなさそうです。

　まとめたら、自分がこれまで書いたものがこの特徴に当てはまるか、他の人だとどうなるかをさらに観察できると面白くなりますね。

しらべる レベル ①

地域のことばを調べよう

📖 調べること

　日本で使われている言葉というと日本語が思い浮かぶと思いますが、実は「日本語」も１つだとは言えません。ではどういった「日本語」があるのでしょうか。

　その１つは方言です。遠くに住んでいるおじいさんやおばあさんの会話を聞いて、何を話しているか

さまざまなことば

125

分からないということはなかったでしょうか。私は母が東北出身で、祖母や親戚が話す言葉が分からないということを何度も経験しました。

☆ 使うもの
○レコーダー

❀ 調べ方

❶ 教えてくれる人を探す

身近に方言を教えてくれる人がいれば、その方に時間をとってくれるようお願いしましょう。そういった人がいない場合は少し難しいですが「さらにチャレンジ」を見てください。

❷ 調べる言葉を準備する

方言を教えてもらうときは調べる言葉をあらかじめ考えておく必要があります。調べる言葉は大きく分けて2つです。1つは「基礎的な言葉（単語）」で、もう1つは「短い会話」です。

❸ 基礎的な言葉を調べる

　「基礎的な言葉」というのは、誰もが分かる、昔からある言葉です。基礎的な言葉を調べるのは、昔からの形をよく残していることが多いからです。

　基礎的な言葉の例としては、人体、食事、自然に関する言葉や、様子を表す言葉などがあります。具体例をいくつかあげます。

人体：頭、髪、つむじ、目、鼻、耳、口、首、
　　　　おなか（腹）、足、指、つめ

食事：塩、湯、水、茶、油、匂い、食べる、飲む、
　　　　甘い、辛い、苦い

自然：空、太陽、雨、光、火、水、山、月、風、海、
　　　　虫、魚、貝

様子：大きい、小さい、軽い、重い、明るい、暗い、
　　　　高い、低い、無い

　基礎的な言葉を調べるには、そのまま「頭を方言で何と言うの？」と聞くよりも、短い文を作っておき、それを方言に翻訳してもらうのをおすすめしま

す。「短い文」というのは例えば、次のようなもので
す。

1 今日は頭が痛い
2 塩をなめるとしょっぱい
3 小さい虫がたくさんいる
4 お茶を飲みたい

❹ 短い会話を調べる

　短い会話は「おはよう」「こんにちは」「よく来た
ね」といったあいさつ言葉や、なるべく実際にあり
そうな会話を考えて、翻訳してもらいます。例えば
次のようなものがいいでしょう。

A：今日は雨が降るみたいだから、雨が降らないう
　　ちに買い物してくるよ。
B：まって、私も一緒に行きたい。

　まず１回話してもらったら、次に文を１つずつ聞
いて方言の形で書きとります。聞いたことのない言

葉はよく確認してカタカナで書いておくと後で分か

りやすいです。

　書いたら１つずつ真似をして、合っているかを確

認しましょう。

調べるときのコツ

　聞くときは後で聞き直すためにできるだけ録音す

るのがいいですが、録音はあくまで確認用です。そ

の場で、できる限り書き取りを完成させます。

さらにチャレンジ

　方言の音声を公開したウェブページがあるので、そ

の音声を聞き取ってみましょう。例えば「危機言語

データベース」や「会津方言音声データ」というウ

ェブページには多くの表現の音声があります。

「桃太郎」を
読み比べてみよう

調べること

「桃太郎」は有名な物語ですね。本屋や図書館を覗いてみると、同じ「桃太郎」でもいくつかの種類があることが分かります。例えば赤ちゃんぐらいの小さい子が読むものと、小学校に入る少し前ぐらいの子が読むものなどがあります。「桃太郎」と同じように、物語の中にはいくつかの種類の本が出ているも

のがあります。

　それでは、これらの物語はどこが同じで、どこが
違うのかを比べてみましょう。

☆ 使うもの
●絵本（なるべく昔の物語）

 調べ方

　まずは１冊読んで、話のおおまかな流れをまとめ
てみましょう。「桃太郎」でまとめると次のようにな
ります。

1 おじいさんとおばあさんがいた

2 おばあさんが川で洗濯をした

3 桃が流れてきた

4 桃を切ろうとしたら桃太郎が飛び出た

5 鬼が悪さをしていると聞いた

6 桃太郎が鬼ヶ島へ鬼退治に向かった

7 犬、猿、キジに会ってきびだんごをあげて仲間

にした

8　鬼ヶ島へ着いた

9　鬼と戦った

10　鬼が降参して宝物を返した

11　村に戻った

　次に、それぞれの絵本を見ていき、シーンごとにどのように書いているかを比べます。ここでは、いもとようこさんの書いた絵本を「いもと本」と、中脇初枝さんの書いた絵本を「中脇本」と呼びます。

　見ていくと、3では次のような違いがあります。

いもと本	中脇本
おばあさんがせんたくをしていると、おおきなももがどんぶらこどんぶらことながれてきました。	すると、川かみから、大きなももが、どんぶらこどんぶらことながれてきました。

　いもと本と比べると、中脇本では「すると」、「川かみから」などの言葉を補っています。

　また、6・7では次のようになっています。

いもと本	中脇本
ももたろうはいぬ、さる、きじをおともにつれて、おにがしまへむかいました。	ももたろうといぬとさるときじは、野をこえ、山こえ、どんどんどんどんあるいていきました。

　同じように、中脇本は「野をこえ、山こえ」や、「どんどんどんどん」などの言葉を足しています。

　ここで、言葉を足すことによる効果を考えることも大切です。１つ考えられるのは「臨場感(その場にいるような感じ)」を出すのに一役買っているということでしょう。

🌸 まとめるためのヒント

　読んでみて余裕があるようだったら、１つの表にしましょう。詳しく書いてあるところと書いていないところの違いがとても分かりやすくなります。

　次の表は桃太郎たちが鬼ヶ島へ向かうところですが、いもと本と中脇本の違いがよく出ています。

	いもと本	中脇本
鬼ヶ島へ向かう	ももたろうはいぬ、さる、きじをおともにつれて、おにがしまへむかいました。	ももたろうといぬとさるときじは、野をこえ、山こえ、どんどんどんどんあるいていきました。すると、うみにでました。 ももたろうといぬとさるときじは、ふねにのって、おにがしまをめざし、ぐんぐんぐんぐんうみをわたっていきました。
鬼ヶ島へ到着		おにがしまには、おおきなおにのしろがあって、てつの門はかたくとじられていました。 そこで、きじがとんでいって、なかから門のかぎをあけました。 ももたろうといぬとさるは、とびらをあけて、しろのなかにとびこんでいきました。
動物の攻撃	「えい！」 「やあー」	いぬはおににかみつき、さるはおにをひっかき、きじはおにをつっつきました。 「いたいいたい。」 「たすけてくれえ。」 おにはひめいをあげてにげまわります。 ももたろうはおにのたいしょうにむかっていきました。
鬼に勝つ	あっというまにおにをやっつけました。	そして、くんずほぐれつたたかって、とうとうももたろうはおにのたいしょうをねじふせました。

「いもと本」は鬼ヶ島に着いてから攻撃するシーン
をほとんど書いていません。一方、「中脇本」では詳
しく書かれていることがひと目で分かります。

いもとようこ『ももたろう』岩崎書店

中脇初枝『ももたろう』ポプラ社

❀ コラム ❀

言葉の使い方で作者が分かる？

『源氏物語』という平安時代に書かれた日本で最も古い長
編の物語があります。これは紫式部が書いたものだとされ
ています。しかし、宇治十帖と呼ばれる部分は、言葉の使
い方や文の長さなどが他の部分と違うことが分かっていま
す。そのため、宇治十帖の作者は紫式部ではないとも言
われています。いつか、新しい研究によって本当の作者が
明らかになるかもしれません。そして、それはこの本を読
んでいるあなたかもしれませんね。

世界の言語で「日本」は何と呼ぶのか？

Japonsko！

Япония！

📖 調べること

　日本語では「日本」はニホンまたはニッポンと呼びますが、英語ではジャパンと呼びます。日本語と英語で同じなのは最後のンだけです。同じものでもこれだけ違う音になるのは不思議なことです。そこで、いろいろな言語の「日本」の発音を集めてみましょう。

136

☆ 使うもの

●インターネット（パソコン、スマートフォン）

✿ 調べ方

　日本語と外国語の翻訳サイトを使うと外国語の発音を聞くことができます。例えば Google 翻訳には 100 以上の言語があり、60 言語近くで音声が再生できます。

❶ 翻訳サイトで調べる

　ブラウザで「Google 翻訳」と検索して Google 翻訳のページに行きます。

　左の入力部分に「日本」と入れます。

137

ヒント：スマートフォンでは上下に分かれるので、
　　　　上に「日本」と入れます。

　右の［∨］ボタンを押して「調べたい言語」を入
れます。ここでは「チェコ語」を選んでみます。す
ると、「Japonsko」と出てきます。発音のマークを
押すと発音を聞くことができます。ただし、発音マ
ークが薄くなっているものは発音を聞けません。

❷ 発音を聞き取る

　結果から「つづり」（チェコ語は Japonsko）と、「聞き
取った音」（チェコ語は「ヤポンスコ」）を書きましょう。
ちなみにアルファベットを使わない言語の場合、小
さくアルファベットも書いてあります。例えばロシ
ア語では「Япония」と書きますが、アルファベット
では Yaponiya と書きます。

日本語 - 自動検出　**ラテン語**　⋮　∨　⇄	ロシア語　ベトナム語　タイ語　∨
日本　　　　　　　　　　　　　　✕	Япония　　　　　　　　　　　☆
Nihon	Yaponiya
🔊　　　　　　　　　　2/5000　✏	🔊　　　　　　　　　　　⧉　⋮

まとめるためのヒント

❶ 何語を調べるか？

　世界にはみなさんの知らない言語もたくさんあります。Google 翻訳に入っている言語の数も 100 を超えています。すべての言語で調べるのは大変かもしれません。

　そこで、地域を限定して調べることをおすすめします。ヨーロッパ、中東、アジア、南米は音声が多く入っている言語が多いので、そこからいくつか選ぶとよいでしょう。

❷ 何に注目して整理するか？

　音の特徴に注目すると、次のようなポイントがあります。

- Ja は「ジャ」「ヤ」「ニ」「ハ」？
- pa は「パ」「ポ」？
- n は「ン」「ニャ」？

こういった特徴を表にするといろいろ見つかるかもしれません。この他にも、たとえば Ja の発音を地図に塗り分けるのもいいかもしれません。

✤ さらにチャレンジ

すべて生の発音を使っているウェブサイトもあります。「発音ガイド」で検索して forvo というページを見てみましょう。

このページは「単語と検索」の窓に「Japan」と入れると色々な言語の Japan の発音が聞けます。言語の数は Google 翻訳よりも少なくなりますが、生の発音になるので、雰囲気も出ることでしょう。

しらべる レベル ③

手話のことを
調べよう

📖 調べること

　日本で使われている言語には何があるでしょうか。日本語はもちろん、鹿児島県の奄美群島から沖縄県全体にかけて話されている琉球語や、アイヌの人々が使うアイヌ語があります。

　これらは音声を使う言語ですが、他に日本手話があります。音声ではなく、日本手話を第一言語とし

さまざまなことば

て使う人をろう者と呼びます。ろう者は目で見える情報を重視します。ろう者の正確な人数は分かっていませんが、おおよそ3万人から5万人程度だと言われています。

　ここでは日本手話について「手話で楽しむ生きものずかん」というサイトを利用して調べます。

☆ 使うもの
●インターネット（パソコン、スマートフォン）

❀ 調べ方

❶ サイトを開く

　まずは「手話で楽しむ生きものずかん」で検索して、ウェブページを開きます。

❷ 手話やろう文化について動画で学ぶ

　手話の表現について学ぶ前に、手話やろう文化についていくつか学習しておきましょう。

ページ右上の「生きものずかんについて」をクリックして、下の方にある「手話やろう文化について」という項目を見ます。ここでは手話やろう文化について日本語字幕の付いた手話で学ぶことができます。
　動画を見て次の質問の答えを考えましょう。

1 手話は日本語を手で表したもの？

2 手話は手だけを使う？

3 ろう者は電話のかわりに何を使う？

❸ 手話がどんな言葉かを調べる

　手話の動画を見て、手話がどんな言葉なのかを調べましょう。ここでは「水族ずかん」の「シロイルカ」の動画を使います。ページの上から「水族ずかん」を選びます。
　動画の上に「手話」と「日本語」のボタンがあり、日本語を選ぶと字幕がつきます。
　手話動画は自分から見た方向に動いており、鏡とは違い左右逆になっていません。そのため、例えば動画で右手を右に動かしたら、自分も右手を右に

動かします（左利きの人は左手を左に動かす）。

❹ 表現の方法を学ぶ

　再生したら、手話の説明を真似してみましょう。そして、いくつかの表現がどういう動きなのかを考えてください。例えば次の表現はどう表しているでしょうか。

シロイルカ・白く変わる・うす暗い・できる

❺ いろいろな体の動きを見る

　❷で学習したように手話は手だけでなく、体の動きや顔の動きなどを使います。実際の例を「カクレ

クマノミ」や「シロイルカ」の動画で確認します。
例えば次の表現に注目します。

カクレクマノミ　1:57-2:03

どうして　かくれているのかな？

この表現で顔の動きにどんな特徴があるのかに注
目して真似してみましょう。

🎀 さらにチャレンジ

❷で手話と日本語と言葉の並べ方が違うことを学
びました。より具体的に知るために、次の表現で指
を振る「何」という言葉が入っていることを確かめ
ましょう。

シロイルカ　0:16-0:23

他のイルカに比べて背びれがないことや

手話：ほか - イルカ - 違う - **何** - 背 - ひれ - ない

建物の名前を
集めてみよう

📖 調べること

　みなさんの中には家が一軒家の人もマンションの人もいると思います。マンションやビルには名前がついています。それらの名前を見るとほとんどがカタカナで書いてありますね。

　カタカナで書いている言葉は、英語などから入ってきた言葉で外来語と呼ばれます。この外来語は英

語が多いですが、そればかりではありません。

　例えばアンケートはフランス語からきていますし、パンはポルトガル語、アルバイトはドイツ語です。

　それではマンションなどで使われる建物の名前はどの言語が多いでしょうか？　実際に集めて観察してみましょう。

☆ 使うもの

●カメラ・スマートフォン

●インターネット（パソコン、スマートフォン）

○地図（紙でもインターネットでも可）

❀ 調べ方

　まず調べる場所を決めておくことが大切です。「家の近くをテキトーに…」とやってしまうと、集まらなかったり見逃したりします。できるだけ地図を見て調べる範囲を決めます。どこかアパートやマンションが多い地区があればそこを中心に探すのもいいと思います。

実際に歩いてアパートやマンションを見つけたら名前が書いてある場所を写真にとります。ノートなどに書き写してもいいのですが、写し間違いがあるといけないので写真の方がいいでしょう。

写真を撮影するときは、アパートやマンションの中に勝手に入ってはいけません。入らないと撮影できないときは管理人にお願いするか、あきらめましょう。また、車や自転車などに充分に注意してください。

何語かを判別しやすくするために、集めた言葉を単語ごとに分けます。カタカナで書いてある場合、「リバー・タウン」や「パーク　レジデンス」のように「・」や空白で分けて書いてあることが多いです。ただし、「グレートコーポ」などのようになじみ深い言葉で切れ目が書かれていないものは「グレート　コーポ」のように分けます。

また、カタカナの上や下にアルファベットで書いてあることも多く、その場合は単語が空白で分かれていることが多いので、それをヒントにします。

どこの言葉か調べる

　分けていった言葉がどこの言語かを調べます。いくつかは英語だと分かると思いますが、どこの言語か分からない言葉も多いと思います。

　また、なじみのある言葉でもどの言語か聞かれると答えられないものもあると思います。例えば「ハイム」という言葉はよくマンションに使われていますが、これがどの言語か分かりますか？　これはドイツ語で「家」を意味する heim（祖先は英語のホーム 'home' と同じ）です。

　どの言語か分からない場合はインターネットを使って調べます。ブラウザを開いて、次のように、調べたい言葉、空白、「日本語」と入れて調べると、もとの言葉と日本語の意味が分かります。下は valle という言葉を調べるときの方法です。

valle　日本語

　それでも分からないときは「日本語」のところに

「English」と入れると検索結果からどこの言葉か分かることがあります。ただし、この結果は英語で書いてあるので、まわりの大人に見てもらってください。

　また、それでも分からないときは「不明」としておきましょう。

✿ まとめるためのヒント

　最後に、どの言語かを数えた結果をグラフや表にします。まとめるときは世界地図にして、数が多いところは文字も大きくするなど、見せ方も工夫してみましょう。

著者紹介

松浦年男（まつうら　としお）

1977 年東京都墨田区生まれ。九州大学にて博士（文学）を取得。
現在、北星学園大学文学部教授。研究分野は方言を中心とした言
語学、音声学。とくにアクセントや促音の現れ方について、フィー
ルドワークや実験、コーパスなどさまざまなアプローチを組み
合わせて解き明かそうとしている。2014 年に出版した『長崎方言
からみた語音調の構造』で第 42 回金田一京助博士記念賞を受賞。
ホームページ https://researchmap.jp/yearman

自由研究
ようこそ！ことばの実験室（コトラボ）へ
Language Research Guide for Elementary Students
Matsuura Toshio

発行	2021 年 8 月 30 日　初版 1 刷
定価	1400 円＋税
著者	© 松浦年男
発行者	松本功
ブックデザイン	三好誠（ジャンボスペシャル）
イラスト	クリハラタカシ
印刷・製本所	株式会社 シナノ
発行所	株式会社 ひつじ書房
	〒 112-0011 東京都文京区千石 2-1-2 大和ビル 2F
	Tel. 03-5319-4916　Fax. 03-5319-4917
	郵便振替 00120-8-142852
	toiawase@hituzi.co.jp　https://www.hituzi.co.jp/

ISBN978-4-8234-1108-3

刊 行 の ご 案 内

中高生のための本の読み方
読書案内・ブックトーク・PISA 型読解

大橋崇行著　定価 1800 円＋税

◉中高生にオススメの本と読みどころを解説！

探検！ ことばの世界（新版）

大津由紀雄著　定価 1600 円＋税

◉「ワニバナナ」「にせたぬきじる」など、楽しいトピック
　とイラストでことばの世界を紹介。

ことばの宇宙への旅立ち 1-3
10 代からの言語学

大津由紀雄編

◉言語学者が若者に向けてことばの研究の面白さ、興味深さ
　を語るシリーズ。全 3 巻。